RÉSUMÉ

DES

MOTIFS D'ANNEXION

DE LA

COMMUNE DE MOZAT

À CELLE

DE RIOM.

———•○●○•———

G. LEBOYER, IMPRIMEUR DE LA MAIRIE.

———

1864

RÉSUMÉ

DES

MOTIFS D'ANNEXION

DE LA

COMMUNE DE MOZAT

A CELLE

DE RIOM

La ville de Riom demande au pouvoir l'annexion du village de Mozat, et qu'à l'avenir les deux communes n'en forment qu'une.

Cette pensée n'a pas été, comme certains esprits pourraient le supposer, dictée à l'administration de cette ville par l'ambitieux désir d'augmenter son territoire et son budget.

Il eût été indigne du chef-lieu d'une Cour impériale et d'un vaste arrondissement, de rechercher un accroissement d'importance dans l'annexion d'une commune de 1,100 à 1,200 âmes qui, malgré l'emploi de tous les centimes additionnels autorisés par la loi, ne peut faire face aux charges communales.

Non, l'administration municipale de Riom, tout en reconnaissant l'importance des nouveaux éléments de prospérité et de progrès que la réunion doit procurer à la ville de Riom, a été mue par d'autres considérations.

C'est par suite des inconvénients résultant de la séparation des deux communes, au point de vue de l'ordre et de la salubrité publique; c'est dans l'intérêt général de la population, que cette administration a cru devoir demander cette réunion.

La position topographique des deux communes et de leurs chefs-lieux suffirait à elle seule pour expliquer les inconvénients qui naissent de cette séparation. La commune de Mozat, ainsi que l'indique le plan des lieux, est, dans la plus grande partie de ses limites, c'est-à-dire au nord, à l'est et au sud-ouest, enclavée pour ainsi dire dans celle de Riom, au point qu'il semble que son territoire a été pris aux dépens de celui de cette dernière. Cette situation respective des communes est aussi anormale en ce qui concerne leurs deux chefs-lieux. Il n'existe entre eux, en effet, d'autre ligne de démarcation qu'une rue de quelques mètres de largeur bordée d'habitations des deux côtés, et servant par conséquent aux usages communs du plus étroit voisinage. Aussi les habitants du village et ceux du faubourg de la ville se confondent-ils dans des rapports journaliers, usant ensemble du même four de boulanger, des mêmes fontaines, des mêmes ateliers d'artisan, des mêmes boutiques de marchands, de telle sorte que l'on peut dire sans hésiter que, malgré la distinction des deux localités, le village et le faubourg de la ville ne forment qu'une agglomération homogène, que c'est là une seule et même population.

Mozat a de tout temps été considéré comme faisant partie de la banlieue de Riom, et pourtant la proximité qui le relie à cette ville n'était pas autrefois aussi intime qu'elle l'est aujourd'hui. Avant 1780 et même en 1811, à l'époque du cadastre, le faubourg actuel de Riom, dit Champ-d'Ojardias, ne se composait que de quelques maisons éparses très-distancées de celles de Mozat. Il n'y avait là qu'un champ, comme l'indique le nom même du faubourg. De son côté, Mozat n'avait aucune habitation rapprochée du chemin qui servait et sert encore de limite aux deux communes. C'est ce qui explique pourquoi leur réunion n'a pas été plus tôt effectuée (si tant il est qu'on l'ait jamais tentée). Pourquoi, dans tous les cas, lors de la formation des communes, en 89 et l'an VIII, on laissa subsister l'ancien état de choses tracé par la délimitation des paroisses.

Aujourd'hui, la situation n'est plus la même : Mozat et le faubourg de Riom ne forment ensemble qu'une série de maisons qui se touchent, traversée par une seule rue servant de prolongement aux routes départementales nos 5 et 9 venant aboutir à Riom.

Cette situation topographique de la commune de Mozat et la contiguité de ce village à la ville de Riom ont produit les conséquences les plus fâcheuses pour les deux localités, et en particulier pour les intérêts généraux de la population de Riom.

Il en est résulté d'abord pour Mozat ce fait saillant et anormal que ses habitants ne possèdent qu'une faible portion du territoire de leur commune, qui, en grande partie, appartient à des propriétaires forains parmi lesquels les habitants de Riom figurent pour plus de la moitié. Les 367 hectares 87 ares 22 centiares, en effet, qui constituent ce territoire, y compris l'assiette du village, sont possédés par 1389 propriétaires, dont 456 habitants et 933 forains, au nombre desquels forains l'on compte 736 habitants de la ville de Riom.

Cette seule indication ne suffit-elle pas pour faire connaître la large part que les habitants de Riom prennent dans la répartition de l'impôt foncier, et comment il arrive que, dans cette commune où cet impôt est frappé de tous les centimes additionnels facultatifs et obligatoires, et du maximum des vingt centimes extraordinaires autorisés par la loi, la charge la plus lourde est supportée, sans compensation pour eux, par les habitants de Riom pour les besoins de ceux de Mozat.

La contiguïté des deux chefs-lieux produit des inconvénients plus sensibles encore. D'abord pour les habitants de Mozat, ceux d'entre eux qui exercent leur profession dans les deux localités, comme les revendeurs, les bouchers, les petits marchands forains, paient double patente et des droits qu'ils ne supporteraient pas s'ils comptaient dans la population de Riom.

Pour les intérêts généraux de la ville, ces inconvénients sont énormes. Les arrêtés municipaux, qui sauvegardent la police des marchés et assurent leur approvisionnement, étant sans effet hors des limites de la commune, les accapareurs, les revendeurs et les commissionnaires de toute espèce s'établissent ou se postent à Mozat pour y acheter le choix des denrées qui arrivent, paralysent ainsi, par une sorte de blocus, l'approvisionnement des marchés de la ville, qui perdent par suite de leur importance; d'où la conséquence, pour la caisse municipale, d'une diminution dans les droits de place; et pour les habitants, la hausse du prix des objets de consommation, dont la meilleure qualité a été détournée et dirigée sur les chemins de fer au profit des grands centres de population.

C'est dans les cabarets de ce village que la garnison de la ville va faire la plus grande partie de sa dépense.

C'est enfin dans cette localité que s'organise le plus grand nombre des fraudes aux droits d'octroi, qui enlèvent ainsi à la ville et à la régie elle-même d'importantes perceptions.

Mais tous ces inconvénients qui résultent, pour Riom comme pour Mozat, de la séparation des deux communes, de même que les avantages que Riom doit retirer de l'annexion qu'il demande, ne sont que des causes secondaires qui justifient cette mesure.

Des motifs plus graves, touchant à la santé et à l'ordre publics, ont déterminé la demande formée par l'administration municipale de Riom. Le premier de ces motifs, tiré des exigences de la santé et de la salubrité publiques, se rattache au commerce de la boucherie. La majeure partie des bouchers qui vendent la viande à Riom habitent et abattent leurs animaux à Mozat : il en résulte qu'étant à l'abri des visites de la police de la ville et de ses préposés à la salubrité, ils peuvent impunément introduire et vendre ensuite des animaux malsains. Plus que jamais en ce moment, la population se plaint, et les rapports de la police font mention de la mauvaise qualité de la viande, et plusieurs fois depuis peu de temps, par suite des procès-verbaux dressés à ce sujet, il a été saisi et jeté à la voirie de la viande corrompue ou dévoilant des maladies dangereuses.

Il en sera ainsi tant que Mozat sera séparé de

Riom; car tous les arrêtés qui pourraient être pris pour remédier à ce mal, étant sans valeur hors des limites de la commune, aucune surveillance ne pourra être utilement exercée, tandis que la réunion des deux communes permettrait d'abord le rétablissement d'un abattoir, seule garantie que l'on peut avoir pour la salubrité de la viande, et en second lieu l'action de la police pourrait alors s'étendre sur tous les bouchers qui pourvoient la ville. En vain dirait-on à cet égard que les bouchers iraient alors se fixer dans les villages voisins. Soumis toujours, comme ils le sont aujourd'hui, à une double patente, astreints de plus par les arrêtés à venir à l'abattoir pour y faire inspecter leur viande, forcés d'ailleurs, outre cette obligation, de payer les droits de la viande morte comme ceux sur la viande sur pied, l'intérêt évident des bouchers de Mozat serait, non-seulement de ne pas quitter la commune, mais même de rapprocher leurs habitations de l'abattoir. Bien plus, ce rétablissement de l'abattoir aurait cet avantage d'attirer en ville tous les marchands forains, puisque les droits de la viande morte, qui ne pourrait jamais être par eux introduite dépecée, et l'obligation d'avoir en ville un magasin établi dans des conditions spéciales, ne leur laisseraient aucun bénéfice à faire concurrence aux bouchers résidants.

La salubrité publique trouverait donc, dans la réunion des deux communes, des garanties qu'elle n'a pas aujourd'hui et que réclame la population tout entière.

Au point de vue de l'ordre public, la demande de la réunion des deux communes se justifie d'une manière plus évidente encore.

Lorsque ce village n'était pas absolument contigu aux maisons de Riom, sa proximité n'avait pas de graves inconvénients sous le rapport de la surveillance municipale; mais depuis que ces deux populations se sont confondues dans une seule agglomération, depuis surtout qu'une vaste usine est venue attirer sur ce point, en deçà et au-delà des limites de Riom, une population de plus de 300 ouvriers, la nécessité d'une surveillance incessante, d'une autorité homogène, s'est de plus en plus fait sentir. Or, comment cette surveillance continue peut-elle s'exercer d'une manière efficace et régulière lorsque, du côté de Mozat, l'action de la police se résume, comme dans tous les villages, dans une autorité municipale n'ayant d'autre agent qu'un *garde-champêtre*, et que, de l'autre côté, la vigilance et l'action des agents de la police de Riom tombent devant cette ridicule limite du ruisseau de la rue.

Aussi, tout ce qui a intérêt à fuir cette surveillance sait-il habilement tirer parti de cette contiguité des deux localités. Les vagabonds, les maraudeurs, la prostitution clandestine, les repris de justice, sachant qu'ils n'ont point à Mozat à redouter les rondes incessantes d'une police organisée, vont y chercher un refuge. C'est aussi là que les condamnés libérés de la maison centrale (en 2 ans, 18 y ont fixé leur résidence) vont habiter de préférence, plus sûrs qu'ils sont de pouvoir entretenir leurs relations avec les détenus de ce pénitencier, dont ils se font les correspondants et les commissionnaires.

Dans de telles conditions, n'est-il pas de la plus grande nécessité que les deux localités soient placées sous une seule et même autorité? Est-il possible, en effet, à l'administration d'une commune rurale d'assurer le maintien de l'ordre en présence de tant d'éléments suspects, et les honnêtes gens peuvent-ils être rassurés là où les moyens de surveillance et d'action n'existent pas?

Cette impuissance ne s'est-elle pas montrée dans toute sa faiblesse dans l'événement récent du 8 juin dernier, où l'on a vu une partie de la population allant attaquer la nuit la demeure de quelques religieuses sans défense, gardiennes de jeunes enfants confiés à leurs soins, les injurier de la manière la plus odieuse, brisant les fenêtres à coups de pierres, abattant les clôtures pour pouvoir plus aisément envahir cet asile que la faiblesse de l'âge et du sexe aurait dû faire respecter.

Sans doute, car il ne faut rien exagérer, ces scènes à jamais déplorables trouvent, sinon leur excuse, du moins leur atténuation dans cette circonstance fortuite de la plus insolite fatalité que, ce soir-là, maire, adjoint et garde-champêtre étaient à cette heure malades en même temps, et qu'ils n'ont pu dès lors opposer leur autorité à l'émeute naissante. Elles s'atténuent aussi par le sentiment, bon en soi, qui a inspiré le désordre : l'attachement de la population pour son curé, frappé de révocation par l'évêque diocésain.

Cependant, tout en faisant la part de l'égarement, qu'on se garde de perdre de vue le danger. Aujourd'hui le désordre se couvre d'un prétexte d'apparence religieuse, demain il en revêtira un autre; ce sera, ou l'insuffisance du salaire pour la grève exigeante, ou la misère poussée hors des bornes de la résignation par une calamité publique, ou enfin un événement politique exploité par les ennemis de l'ordre.

Qu'on ne s'y trompe pas, ce ne sont pas là des éventualités chimériques, les populations qu'on a laissées une fois s'attrouper dans la rue, savent toujours s'y réunir. Or, tout le monde le sait, il n'est pas de maux plus contagieux que le désordre et l'effervescence populaire; et dès lors les localités voisines d'un lieu où les moyens d'action manquent pour parer à de telles éventualités, ont le plus grand intérêt à avoir des garanties contre elles.

Il n'en est qu'une, c'est la vigilante action d'une police organisée, obéissant à une administration homogène qui puisse exercer son autorité sur les deux localités. Donc, au point de vue de la police, la réunion des deux communes est nécessaire, non-seulement dans l'intérêt de Riom, dans celui même de Mozat, mais, il faut le dire, dans un intérêt général d'ordre public.

En présence d'intérêts aussi considérables que ceux qui touchent ainsi à la salubrité et à la sûreté publiques, peut-on prêter l'oreille aux objections qui se produisent contre la demande d'annexion ? Evidemment non.

Quelles sont-elles, au surplus ?

Les uns reconnaissant la puissance des intérêts qui commandent cette mesure, disent qu'il est vrai que la réunion des deux communes est commandée par leur situation respective, et que tôt ou tard la force des choses la fera réaliser ; mais que quant à présent elle est inopportune à raison de la résistance qu'y oppose la commune qu'il s'agit d'annexer.

D'autres, plus catégoriques, disent qu'on ne supprime pas ainsi une commune, qu'on ne lui enlève pas son autonomie malgré elle, alors surtout que son annexion à une commune voisine doit entraîner pour elle un surcroît de charges pour les habitants, sans une compensation d'avantages pour eux.

Enoncer ces objections c'est presque y répondre. Et d'abord, sous le rapport de l'opportunité, quel est donc le fait qui rende la mesure inopportune ? La résistance de la population de Mozat? mais si l'on veut bien se rendre compte de cette résistance, on verra bientôt que ses causes et ses inspirations se résument dans certains amour-propres froissés; mais qu'au fond, quelle qu'ait été la manifestation de l'enquête, cette population se montre opposée sans se rendre compte de sa propre opposition.

Supposons, au surplus, que cette opposition soit raisonnée : sera-t-elle moins vive, plus raisonnable plus tard? les causes qui la produisent, les ressorts qui la mettent en mouvement ne subsisteront-ils pas? Évidemment si.

D'ailleurs, de deux choses l'une; ou il s'agit d'intérêts matériels dont la satisfaction n'a rien d'urgent et d'essentiellement actuel; dans ce cas, on comprend les atermoiements, les sursis.

Ou au contraire, il s'agit des intérêts généraux de deux populations, d'une question d'ordre public; il n'y a pas alors d'inopportunité : c'est l'actualité, c'est la nécessité du moment qui justifient la mesure, et quelle qu'elle doive être, la question doit recevoir une solution.

La seconde objection n'est pas mieux fondée.... Elle repose toujours sur la résistance de la commune de Mozat, sur son amour de l'autonomie, cette idole des peuples. Certes c'est là un sentiment respectable sans doute, mais qui ne saurait faire fléchir ni les véritables intérêts de la population ni les grands principes de l'ordre, et lorsqu'il se trouve en opposition avec les vœux d'une autre population qui, dans l'intérêt de sa prospérité, de son existence, de son autonomie à elle aussi, demande sa fusion avec une autre dont la séparation lui cause le plus grand préjudice, serait-il juste, serait-il raisonnable de tenir compte de la résistance de cette dernière et de dédaigner des vœux qui s'appuient non-seulement sur les intérêts locaux les plus considérables, mais sur les intérêts généraux les plus sacrés ?

Il y a quinze ans, la ville de Montferrand, annexée à la ville de Clermont, demandait sa séparation de cette ville, elle justifiait son désir de recouvrer son antique autonomie, et par la distance qui sépare les deux villes, et par l'étendue de son ancien territoire, et par les éléments de tous genres qui devaient garantir son existence communale, enfin par les aspirations unanimes de sa population..., et pourtant, malgré tant de graves motifs, la séparation n'a pas eu lieu... Les intérêts généraux de la ville de Clermont, menacés par cette mesure, ceux de l'ordre public que le défaut d'homogénéité dans l'administration locale pouvait compromettre peut-être, l'ont emporté sur la volonté de cette population bien autrement importante que celle de Mozat.

Les aspirations locales doivent donc fléchir devant l'intérêt général alors surtout qu'elles méconnaissent leurs véritables intérêts.

La population de Mozat ne peut en effet que profiter de son annexion à celle de Riom. Ceux qui prétendent qu'elle aura pour conséquence une augmentation de charges, ne se rendent pas compte de la situation.

D'abord la ville de Riom restant, malgré cette adjonction, dans la catégorie des villes de 10 à 20,000 âmes, ne subira pour cette cause aucune augmentation d'impôts.

De son côté, Mozat ne pouvant faire partie de la population agglomérée et restant par conséquent à l'état de banlieue, ne subira pas l'aggravation des impôts proportionnels ; et à supposer que par suite de l'élévation du chiffre de la population de la banlieue, les patentables de Mozat vissent leur patente augmentée, ce serait dans la proportion la plus minime, puisque cette population n'irait pas à 5,000 âmes.

Si maintenant on remarque que les ressources de la commune de Mozat ne peuvent suffire aux charges communales ; qu'elle est obligée de s'imposer à tous les centimes additionnels, même aux trois centimes pour le modique salaire de son garde-champêtre ; que de plus elle a dû s'imposer au maximum des vingt centimes extraordinaires pour l'agrandissement du cimetière, charge que dans un avenir prochain elle sera obligée de renouveler pour le presbytère, il sera bien permis de taxer de chimériques ces appréhensions de charges nouvelles qu'entraînerait avec elle l'annexion de ce village à une ville qui n'a besoin d'aucun centime additionnel pour faire face à ses dépenses ordinaires, et qui n'est imposée qu'à dix centimes extraordinaires pour la conduite de ses fontaines, impôt qui doit cesser en 1866, et qui en aucun cas n'atteindrait les habitants de Mozat.

L'annexion n'offre donc à la population de Mozat que des avantages sous le rapport des charges communales.

N'offre-t-elle donc point encore d'autres compensations dignes de son attention. L'éclairage, l'amélioration de ses voies publiques, l'usage commun des puissantes conduites d'eau qui alimentent les fontaines de la ville, l'admission de ses pauvres à l'hospice et aux secours du bureau de bienfaisance.

Ne sont-ce pas là de grands avantages, et la réunion de deux communes pourra-t-elle jamais en procurer de plus sérieux à celle des deux qui, comme celle de Mozat dans les conditions actuelles, ne peut en procurer aucun à sa population.

Mais on ne saurait trop le répéter pour Mozat comme pour Riom. La question des avantages matériels qui doivent être la conséquence de leur réunion, n'est qu'une question secondaire.

Les raisons déterminantes qui justifient cette mesure, découlent des inconvénients de tout genre qui résultent de la séparation actuelle et de la contiguïté des deux chefs-lieux au point de vue des intérêts généraux non-seulement de la ville de Riom, mais encore des deux localités : en un mot au point de vue de l'ordre public.

Tels sont en résumé les graves motifs qui ont déterminé l'administration municipale de Riom à former une demande qu'elle croit justifiée par d'impérieuses nécessités, et qu'elle livre dès-lors avec la plus entière confiance, à l'appréciation des Corps délibérants qui doivent émettre leur avis sur la question.

Note explicative

SUR LES PLANS CI-JOINTS.

La planche A représente la configuration topographique actuelle de la ville de Riom et du village de Mozat. Ce plan a pour but de faire remarquer qu'il n'y a aucune solution de continuité entre le village et le faubourg de la ville, et que les deux ne forment qu'une seule rue bordée de maisons à droite et à gauche depuis l'entrée de la ville jusqu'à la sortie de Mozat à la bifurcation des deux routes départementales.

La planche B est une copie du plan cadastral ; elle reproduit la situation respective des deux communes et de leurs chefs-lieux à l'époque du cadastre, c'est-à-dire en 1811.

La configuration des deux communes et leurs limites qu'il est facile de distinguer par la différence des teintes, n'ont pas changé ; la commune de Mozat, au Sud, à l'Est et au Nord, est toujours encastrée dans celle de Riom.

Mais on remarquera en se reportant à la planche A et en la comparant avec celle-ci, que les lieux habités ont complètement changé ; qu'en 1811, entre la ville et le village de Mozat, il n'y avait que quelques maisons disséminées, tandis qu'aujourd'hui, comme on l'a dit plus haut, les habitations des deux localités sont agglomérées sur tout le parcours du prolongement de la route départementale sans autre séparation qu'une rue de quelques mètres.

Riom. — Imprimerie G. Leboyer.

www.ingramcontent.com/pod-product-compliance
Lightning Source LLC
Chambersburg PA
CBHW071437060426
42450CB00009BA/2211